C'EST TOUT ÈCRIT
Ècrit par Maurizio Cosimo Ortuso
Propriété littéraire réservée

©2013 PATAMU.COM
E-mail: info@innede.net
Sito: www.innede.net
Projet d'édition: INNEDE EDITION
Graphique: INNEDE EDITION

Index

Introduction

Il y a toujours quelque chose qu'on ne voudrait pas dire, qu'on ne désirerait pas décrire mais le temps, l'âge et la conscience inaliénable te donnent le courage et le stimulant pour oser : quelque soit le résultat, c'est un but bien préétabli de ce livre.

Je n'aimerais pas du tout être connu comme écrivain seulement parce que vous vous êtes procurés un des mes livres ; je préfère paraître comme un collecteur des informations et je suis presque obligé à me présenter comme tel : d'ailleurs je ne sais pas écrire.

Bien que j'aie étudié pendant une vie entière pour apprendre à le faire je n'y ai jamais réussi.

Vous ne pouvez pas imaginer combien de cigarettes et de cafés j'ai consommés sur les livres pour essayer d'y comprendre quelque chose ; mais, maintenant, j'ai renoncé à étudier, (de toute façon) on n'en sort pas.

Je suis de toute manière attiré par l'idée d'écrire, même si je ne suis pas bon ; ça me donne l'opportunité de comprendre que même un nul comme moi peut écrire un livre.

Si j'avais été un politique ou un personnage populaire j'aurais rempli les étagères des librairies et des bibliothèques, mais je ne me désespère pas parce que, maintenant, moi je suis ici, assis sur cette chaise inconfortable et, derrière moi, ma librairie entièrement couverte de poussière.

Je suis vivant ! Donc je laisse ce texte à qui aura la possibilité et l'intuition de comprendre mon idée, sous le signe de beaucoup de travail et de tourment.

PREMIER PART
C'EST TOUT ÈCRIT
Le 13 Octobre, 2010

Le Début

Supposons-nous désirer la connaissance de quelque chose, de quelqu'un ou de quelques affaires : nous recourons tout de suite aux journaux, aux livres, et à toutes les informations retrouvables ; après avoir pris connaissance du matériel nous nous apercevrons que les nouvelles qu'on a trouvées ce sont exactement celles que nous désirions.

Il vous semblera irrationnel mais, comme pour fatalisme, il a déjà été *tout écrit*, peut-être récemment, peut-être depuis longtemps ou même en ce moment quelqu'un pourrait écrire pour nous.

Eh bien, c'est juste à partir d'ici que je veux commencer à rédiger ce livre, mais n'espérez-vous pas trouver à l'intérieur la vraie vérité de la vie, la solution de vos problèmes ou qui sait quelle magie littéraire qui n'ait déjà été écrite.

D'ailleurs moi aussi je ne la connais pas et je n'espère plus la trouver, toutefois je vous assure que pendant votre lecture vous comprendrez le but de ce livre, vous comprendrez le pourquoi de toutes ces attitudes d'autrui comme les vôtres, que jusqu'aujourd'hui vous ne connaissiez pas.

Il ne sera pas du tout une entreprise difficile mettre ensemble les informations pour cette œuvre, le but c'est de réussir à rendre compréhensible l'incompréhensible ; mon rêve c'est de présenter le rapport sans être mal compris. Je ne pourrai sûrement pas être concis ou fantastique.

Je m'apprêterai en sachant de votre présence et je chercherai à approfondir les différentes philosophies de vie que j'ai étudiées et recherchées pour décennies. Bien que j'aie consacré beaucoup d'années à la recherche, ce qui plus me trouble c'est que seulement maintenant je comprends à quel point on connait peu la vie.

Je serai obligé à généraliser et, malgré moi, je pêcherai par préjugés mais, le but c'est de réussir à comprendre quels sont les moments que nous tous avons déjà vécus dans l'inconscient. Je ne manquerai pas de traiter l'amour comme thèse primaire, mais la vie sociale aussi, l'émigration, la politique, l'économie, et s'il y aura un espace suffisant, même la religion.

Cela dit, nous pouvons commencer le premier sujet, va savoir pourquoi, juste avec l'amour, une énigme duquel nous tous sommes très impliqués et avec ça je tiens à remercier les femmes qui pendant plusieurs années m'ont enseigné à comprendre ce que c'est ce grand mystérieux et innocent anagramme.

Je tiens aussi à remercier Francesco Alberoni, Erich Fromm et Sigmund Freud qui m'ont inspiré et communiqué les informations suffisantes pour acquérir les justes énergies nécessaires à développer ce livre. Certainement je ne rejet pas l'hypothèse selon laquelle les actions les plus belles sont faites dans les moments les plus pires.

C'est le désespoir de l'angoisse qui nous pousse à réagir et à démontrer à nous-mêmes ou Dieu sait à qui, le contraire de comme nous sommes jugés.

Les psychiatres et les analystes de tout le monde disent que dans notre subconscient nous connaissons déjà la vérité, mais dans le conscient nous ne la voulons pas du tout accepter, n'importe quelle soit, même quand on parle d'amour : c'est comme ça. Quand nous rencontrons une personne qui deviendra notre partenaire c'est comme si nous la connaissions déjà, il semble incroyable mais c'est comme s'il était *tout écrit*, même au regard de ceux qui nous rencontrons dans la vie.

Non sommes toujours ici pour commenter que *c'est tout écrit*, mais qu'est-ce qu'on entend avec *c'est tout écrit* ? Mais c'est simple : les intuitions de Freud, la sociologie d'Alberoni, les analyses de Fromm nous aident à comprendre que la psychologie de l'être humain fonctionne presque pour tout le monde de la même façon ; je voudrais ajouter qu'en ce qui concerne les femmes, probablement, les scientifiques, les psychologues, les psychiatres et les différents analystes n'ont pas toujours deviné.

Revenons encore une fois à considérer les livres que nous avons déjà lus à la hâte et superficiellement ; reprenons-les en considération pour voir si par hasard quelque chose nous a échappée : je suis sûr que nous trouverons des lignes que la dernière fois que nous avions lu nous avaient échappées ou que nous n'avions pas leur donné la juste valeur.

Après avoir relu les livres choisis sur le sujet intéressé, au moment de la vie que plus nous convenait ou mieux, que nous inspirait, nous découvrons qu'on n'avait absolument rendu connues beaucoup de choses à nous-mêmes. Souvent nous nous retirons dans notre âme, peut-être tristes et déprimés, et là nous vient à l'esprit le fameux livre que probablement il y a dix ans nous a aidés à surmonter le moment.

Si vous avez de vielles lettres d'amour, prenez-les ! Vous vous apercevrez de combien vous êtes grandis, de combien vous êtes changés, combien vous avez compris et, clairement, vous reconnaîtrez votre vraie âge et vous réaliserez de combien vous êtes mûris.

Indépendamment des informations que vous trouverez, si la vérité vous aide à choisir, alors vous sera clair que tout c'est passé parce qu'il devait arriver.

Qu'est-ce qu'on entend pour "destinée?" Imaginons-nous un couple qu'autrefois s'aimait : un de deux partenaires décide d'interrompre la relation parce qu'il s'est aperçu d'aimer une autre personne. Qu'est-ce qu'on fait ? C'est clair que vous éprouverez de la douleur, vous aurez du mal à accepter cette réalité ; vous ne saurez plus quoi dire à votre cœur ; vos pensées erreront dans l'incertitude ; votre intériorité se contaminera de l'événement.

Vous vous demanderez comment c'est possible qu'une chose de ce genre arrive juste à vous, vous penserez à une catastrophe : un mariage allé en fumée, plusieurs années de tendresse, des projets, des fils, de l'économie tout à jeter.

Il faut tourner la page, et comment fait-on ? Certainement je ne suis pas ici pour résoudre cet énigme, mais je peux dire que tout ce qui est arrivé à vous c'est déjà passé à bien d'autres personnes, moi inclus, et c'est juste sur ça que j'affirme de nouveau que *c'est tout écrit*.

Dans cette phrase que j'ai effleuré tout à l'heure quand je faisais allusion aux recherches du matériau, ou bien à des différentes informations, vous trouverez le pourquoi, c'est là que vous dénicherez de nouveau ce que vous venez de perdre. C'est toujours là que vous montrerez vous-mêmes en découvrant vos erreurs, vos solutions.

Il est important de lire comme de rechercher soi-même ; tout le monde devrait lire, seulement de cette façon nous trouverons le courage d'affronter les mauvaises situations possibles.

Réflexions

Dommage que les pensées se bougent vitement comme les oiseaux émigrants et que nous ne réussissons à en arrêter que quelqu'un. Oui ! C'est vraiment comme ça ! Ce sont les pensées qui nous trompent, c'est eux les coupables des illusions, des délusions, et des malheurs.

Par conséquent c'est à eux que nous devons tout: notre bonheur, notre illusion de la vie et clairement notre chagrin aussi. C'est avec eux que nous devons apprendre à cohabiter et c'est avec eux que nous devrons traîner notre corps ; que cela nous plaise ou non, nous sommes éternellement liés à lui. Pour ce dernier nous devons avoir du respect pour la simple raison qu'avec lui nous passons une vie entière, sans jamais s'en séparer.

Pendant la lecture de ce volume vous trouverez la raison pour laquelle certains d'entre nous ne savent pas de quoi s'en faire d'un corps, parce qu'ils ne l'aiment pas, et ils le mettent donc à disposition de n'importe qui.

Ils se font des illusions de le posséder en devenant prisonniers d'eux-mêmes : les prostituées ou qui en joue le rôle pourraient en être un exemple typique, mais l'homme aussi se prostitue et souvent il est tellement égoïste qu'il n'offre même pas son corps.

Le vrai amour est différent : on aspire absolument à occuper le cœur de la personne aimée, on veut connaître ses pensées, ses rêves ; on veut faire la connaissance de sa totalité, on a l'intention de découvrir son aspect peu à peu, on la voit vieillir, on se habitue et on l'aime, même si quelquefois elle ne nous plaît pas de façon considérable.

Il est important de se plaire et de plaire parce que cela nous donne la possibilité de nous accepter ; c'est seulement en utilisant cette manière de penser qu'on peut vivre une vie heureuse.

Toutefois ne donnons pas des fausses espérances par la phrase prévue du film : « ils vécurent heureux et contents » parce que c'est là une réalité subjective ; cette phrase est une machination, un mensonge ; la vie te réserve toujours des surprises inattendues : un deuil d'amour, la perte d'une personne chère, la délusion d'un ami et même la trahison de la société.

La trahison de la société ? Mais qu'est-ce que signifie cela ? Eh bien la société est tout ce qui nous entoure, c'est tout ce que nous-mêmes créons spécialement avec les pensées ; et qu'est-ce que la société a à voir là-dedans en considérant l'âge, l'expérience de vie, les échecs de la manière erronée de penser?

Par société j'entends une partie de notre collectivité, de n'importe quelle race ; nous sommes différents les uns des autres mais, malgré tout, nous nous unions même si nous sommes conscients de notre différence culturelle, comme par exemple un mariage entre deux personnes de nationalité différente, de deux cultures différentes, deux religions différents, deux manières complètement différentes de penser.

À la fin, on est en train d'analyser très simplement un couple hétérogène, un sudiste et un nordiste, un occidental et un oriental ou un musulman et un catholique : cependant, même s'ils sont différents, ils se rencontrent, ils tombent amoureux et ils se promeuvent comme un couple nouveau : cela s'appelle globalisation ! C'est le résultat d'une vie moderne, la source d'une communication facile, et clairement c'est pour ces gens-là une envie de sortir des paramètres déjà posés d'une société bigote pleine de préjugés et peut-être même raciste.

Pour citer n'importe quel exemple, c'est leur différence qui les attire l'un vers l'autre : tous les deux ne se connaissent pas, ils ne se comprennent pas, ils se disputent, ils se désespèrent, ils se font du mal mutuellement, ils se quittent, ils se reprennent, ils tombent amoureux l'un de l'autre, ils s'aiment et ils se séparent.

Ils gardent leur union seulement avec l'amour, l'attraction et leur curiosité : voici les cordes qui les lient ; c'est ainsi qu'ils se fondent en une seule âme.

Sont-ce là les couples plus à risque ? Eh bien oui ! Parce que c'est par l'incompréhension que souvent ils empoisonnent leurs rapports, quelquefois ils se procurent des dommages irréparables, impossibles à consolider ; le tout est dû à la différence de culture, à la différente manière de penser.

Les statistiques parlent claires, deux sur trois consomment tragiquement leur histoire, leur passion, leur incompréhension. Les yeux bleus ne sont pas compris des yeux noirs et vice-versa, ils ne mangent pas les mêmes choses, ils ne boivent pas les mêmes boissons, ils n'aiment pas le même Dieu et tous les deux ne connaissent pas la langue du partenaire à la perfection.

Les fils de ces couples deviendront automatiquement bilingues, biculturels, tout double et donc deux choses en une. Pourtant ces conjoints ont changé la génétique de cette Terre et ils sont épouvantablement augmentés : il semblerait qu'on s'enrichit de plus d'une autre culture.

Les combinaisons de ces couples sont des phénomènes de la modernité que n'importe quelle action légale, illégale, morale ou immorale ne peut pas arrêter.

Tout devait se passer, tout s'est toujours passé, et tout se passera : les accouplements, les séparations avec les profits et les pertes de la société moderne ; donc le couple mixte est une union nouvelle comme nouvelle est leur difficulté et leur tragédie aussi.

Clairement dans les couples mixtes il y a une richesse culturelle supérieure par rapport à l'union homme/femme classique : c'est prévu que retourner sur ses pas c'est un phénomène dicté de la globalisation. Celle o celui qui, après un rapport pénible avec une personne de culture différente, revient en arrière et il se rend, il pourra alors s'identifier avec une personne de la même race.

La partie négative du rapport précédent a aidé cette personne à trouver sa propre identité et fort probablement c'est ensuite que le problème arrivera, parce que le rapport précédent, surtout s'il a été un rapport avec une personne d'ethnie différente, a mis dans son caractère des sillons bien visibles qui viendront à manquer dans le rapport suivant.

Il avancera sans aucun suspect jusqu'à l'écroulement ; voilà les dommages des personnes qui ont une personnalité très faible : ils troquent le vieux pour du neuf sans considérer que dans le rapport suivant ils rechercheront les finesses de l'amour qu'ils ont éprouvé en précédence, mais que malheureusement ils ne retrouveront jamais.

L'illusion et la fiction les tromperont pendant longtemps et, dans plusieurs cas, même pendant toute la vie. Ils trouveront dans les illusions ce qu'ils cherchaient, ils trouveront seulement un enfer différent du précédent.

« Ils s'en repentiront de toute façon » disait Freud qui ne s'est pas trompé sur cette théorie.

L'adultère

C'est le doute le plus épuisant pour ceux qui traient : Le révéler ou non au partenaire ? La tendance prédominante entre les experts c'est que celui qui trahit fait très bien à se taire, parce que c'est seulement de cette façon qu'il s'assume ses responsabilités.

Celui qui confesse tout à sa partenaire c'est un lâche qui veut se libérer des ses sentiments de culpabilité, puisque la confession d'une trahison ruine en tout cas les couples, étant donné qu'on manque à un des points fondamentaux de la relation : l'exclusivité.

La personne trahie vit l'escapade comme son échec et c'est une expérience pénible se maîtriser devant une personne qui nous fait venir à l'esprit sans cesse un échec.

Par contre la trahison fait du mal au partenaire qui a subit un tel affront ou par dépit ou pour le but précis de blesser le copain ; pour cela on arrive dans la majorité des cas à la désagrégation.

Quand un partenaire trahit par dépit, il ne fait rien pour cacher une nouvelle relation ou plutôt, il s'amuse à torturer le copain en lui faisant remarquer que l'autre est plus affectueux, plus riche, plus brillant dans la conversation, plus capable en général que lui.

D'habitude celui qui est infidèle pour insatisfaction a hâte de s'en aller de chez-soi et il cherche dans l'amant un point d'appui et le courage pour agir ; de cette façon le partenaire abandonné s'afflige et il montre des problèmes psychologiques et physiques.

Les Couples Modernes

Les couples mixtes après les prévues séparations, après l'énième délusion perdront tout : la condition physique, l'amour, les projets et le point de repère, en laissant dans son moi leur histoire vécue et leurs souvenirs.

Donc, le temps passé, l'histoire vécue est toujours là, aux aguets pour te prendre au dépourvu chaque fois qu'on mettra en pratique ce que on a fait ensemble : une partie de toi sera influencé de cette culture double assimilée, en te faisant sentir différent de tes compatriotes.

Je T'aime

Nous trouvons la phrase « Je t'aime » écrite partout : sur les cartes postales, dans les chocolats, dans les lettres, dans les publicités, dans les chansons, sur les murs, sur les bancs et même dans nos cœurs.

C'est tout écrit, la loi est écrite, les verbaux sont écrits, les films d'abord on les écrit puis on les réalise ; aujourd'hui, n'importe quel accord a besoin d'un écrit pour exister. Seulement les criminels n'écrivent pas, en revanche c'est la police et les médecins qui le font pour eux.

L'histoire de notre société est toute écrite. Nous devons chercher et essayer de trouver ce que les autres nous ont laissé, seulement de cette façon nous pouvons avoir les nouvelles justes ; l'analyse de notre attitude, l'histoire de notre corps et celle de la science, si on fait attention, ce sont toutes écrites.

Cependant, il n'était pas écrit nulle part qu'il devait se passer, peut-être seulement maintenant on l'a écrit. Si quelque chose se casse, c'est désormais cassé, un peu comme quand nous perdons notre partenaire ou au moins nous croyions qu'il l'était.

Oui ! Parce qu'on perd toujours quelque chose. Nous voudrions un amour qui soit eternel mais fort probablement ce n'est pas comme ça.

On peut tomber amoureux même plus d'une fois, il est chanceux celui qui réussit à briser les chaînes des déceptions. L'amour, par exemple, est un grand porteur de délusions, de joies, de tristesses, de émotions, mais il n'est pas éternel et, quand toutes ses phases sont surmontées, on doit se résigner au fait que peut-être non nous tous trouverons tout ce que nous désirions. À la fin nous sommes obligés de tirer les conclusions et, à tout prix, nous devons regarder en arrière et dans nous-mêmes.

Les signaux que le vieux et tourmenté rapport nous a envoyés, eh bien, eux-aussi sont *écrits* dans nos souvenirs, dans notre cœur, bref, dans nous-mêmes. C'est à eux que nous devons demander conseil, et probablement ceci choisira la partie moins aisée, c'est à nous démontrer notre courage et notre sagesse : quelquefois dans la vie les malheurs veulent nous donner une grande leçon de vie. C'est à nous de la percevoir, même si cela nous fera du mal, mais si cela devait se passer il y a toujours une raison ; peut-être c'est vraiment le cadeau que la vie nous veut offrir, ça fera mal mais à la fin un partenaire qui ne nous mérite pas, c'est mieux de le perdre.

Même s'il était le contraire, nous devons l'accepter, seulement de cette façon nous démontrons à nous-mêmes la générosité et l'altruisme.

Si notre partenaire nous quitte parce qu'il retient que nous ne sommes pas son idéal c'est surement une amertume ; en l'acceptant nous avons perdu et nous saurons perdre : mais c'est une victoire avec nous-mêmes ! Et si notre prochain rapport n'arrivera pas à bon port, nous pouvons également être toujours honnêtes par courage, dignité et bon sens de la vie.

Les Célibataires

Le monde est fait de couples. Le monde est fait de gens qui s'aiment, de personnes qui sont ensemble, de familles cassées qui font semblant de s'aimer parce que celles-là sont lâches avec leur sentiments.

Les célibataires observent, envient, ils éprouvent un sens de solitude en rencontrant chaque jour cette amère réalité. Evidemment ils se souviennent du temps où ils aimaient, quand ils n'avaient pas la souveraineté et le privilège de la liberté : en effet à présent ils sont récompensés avec une liberté recherchée, une indépendance que une fois gagnée devient cependant inutile et vaine et dans la majorité des cas cela est dépensée dans le vice et dans l'égoïsme ; c'est l'ennui qui les assaillit, les souvenirs leur dévastent l'existence.

Freud avait raison quand il disait que les couples envient la liberté des singles tandis que ces derniers ne savent pas quoi faire de l'indépendance car ils sont seuls, sans leur point de repère, sans leur compagnie, sans leur bouc émissaire, sans leur amour. Cela aussi a été mis noir sur blanc, c'est écrit partout, même ici !

Au dire de tout le monde nous ne flirtons plus avec l'amour parce que quand l'on a nous ne savons pas l'apprécier. La vie plusieurs fois nous met au pied du mur, c'est à nous d'opter pour la bonne vie pour la sérénité ; cela nous ne la retrouverons que dans nous-mêmes. Ce ne sont pas les autres qui peuvent nous rendre heureux, on ne peut pas nous appuyer sur le prochain avec l'espoir qu'il nous donne de l'amour et de la sérénité : nous devons être capables de la chercher dans nous-mêmes autrement nous resterons malheureux pendant la vie entière en accusant les autres pour notre échec ; en supposant que nous soyons capables de l'apprécier une fois trouvé.

Admettons-nous par exemple, que notre précédent partenaire il n'y ait plus désormais depuis longtemps ; nous sommes seuls mais nous l'étions avant aussi, nous l'étions parce que nous n'avons pas été capables de vivre de la juste façon cet amour insaisissable, tandis que maintenant que nous savons ce qu'il faut faire c'est trop tard ! Le temps ne revient jamais en arrière, il avance seulement. « On ne vit qu'une fois », disait mon ancienne partenaire de vie. Elle aimait espérer, elle désirait rêver une autre vie et peut-être, maintenant, elle l'aura même trouvée.

Même si nous n'aimons pas cette vie, cela était ce que nous méritions, ce que nous étions en train de chercher. Cependant on ne peut pas cesser d'aimer, de chercher l'amour, où qu'il soit, n'importe quoi il représente. On ne peut pas oublier ce qu'il a été exactement, comme on ne peut pas accepter un amour usé. Eh bien, même l'accepter une fin a une grande signification, souvent plus que de se rendre.

Le consentement à laisser notre partenaire actuel c'est un amour vers nous-mêmes, seulement alors nous pourrions nous faire les illusions d'avoir trouvé le bonheur et nous seront prêts à aimer quelqu'un d'autre ; il semble incroyable, mais c'est comme ça : aimer signifie liberté, c'est l'amour pour les autres que nous purifie l'âme.

Qui sait pourquoi on doit toujours prêcher l'amour ; d'ailleurs beaucoup d'entre nous n'ont pas même le temps d'aimer, nous sommes souvent pris de notre vie, perpétuellement engagés à produire de l'argent, en se détournant d'une réalité authentique.

Les différents engagements, ceux de tous les jours, nous offrent l'indifférence dont l'air est plein, les pensées accompagnent les jours tandis que nous lisons et relisons ce qui est écrit dans nos cœurs et c'est de cela qu'on nous fait guider. Nous nous laissons emporter où qu'il veuille nous amener : nous le secondons, nous prenons du temps, nous nous détachons, nous le recherchons, nous l'attendons et ce sentiment mystérieux vague toujours dans l'air.

On pense s'il reviendra, s'il ne reviendra pas, s'il nous aime, s'il ne nous aime pas, s'il nous pense, s'il nous ne pense pas et nous restons immobiles à penser ce que la personne qui nous aimons peut ruminer ; mais pourquoi ne considérons-nous pas plutôt ce qui est notre présent, pourquoi ne pensons-nous pas à la journée passée, à notre routine quotidienne, à notre travail monotone ?

Même si nous avons vécu toujours sans un baiser, une caresse, un embrasse, ne pensez pas qu'il y en a très peu de ces amours, parce qu'ils sont très fréquents, en particulier là où on utilise beaucoup d'alcool ; cet infusion balourd change la personnalité de la personne qui l'utilise, bref l'ivre s'en approprie comme s'il fût juste le faire, comme s'il eût le droit de le faire tandis que nous, les spectateurs, nous ne pouvons rien faire, nous supportons en restant en silence et en souffrant, nous ne pouvons pas aider l'alcoolique parce que il a un comportement d'étroitesse.

La personne que nous avons perdue ne sera jamais celle que nous aimions auparavant. Dans l'échange de la personnalité, une femme ou un homme qui ce soit, se transforment de façon si lente et silencieuse que nous peinerons à s'en apercevoir, et quand nous l'aurons compris, il sera trop tard ; bien que nous connaissions leur vérité, bien que nous ayons connaissance de la vérité, de cette vérité amère, nous devrons nous construire une existence différente parallèlement à la leur.

L'alcoolique aime boire parce qu'il se sent bien seulement quand il est en compagnie de soi-même ; il s'ennui avec nous, il nous considère des idiots parce que l'extase le trompe, il le fait sentir important : en particulier l'alcool réussit à avoir du succès avec les perdants. Juste là il trouve toujours le terrain fertile, chez les faibles, les pauvres et les ignorants. Aimer an alcoolique ne génère que de la souffrance parce que ce dernier n'éprouve pas d'émotions, de sentiments, et il ne peut pas même faire l'amour, celui physique parce que sa maladie, l'alcool, ne le lui permet pas.

L'alcool est l'artisan non seulement des accidents graves de la circulation, des homicides et des suicides mais il conduit à un abîme inconnu où la déraison et l'abandonne règnent. La personne qui s'enivre s'éloigne de la famille en trahissant leurs affections et soi-même, en perdant le sens de la vie, en devenant stupide et victime d'un système qui au contraire exige un caractère éthique, qui interpelle un ordre, qui voudrait voire la responsabilité d'affronter cette vie pour le beau qu'elle offre : l'amour, la famille, les fils, la sérénité. Sa vie n'a pas un sens s'il n'y a pas la possibilité de boire et pour se faire accepter comme un des ses camarades, on doit avoir son même désir de boire !

Les personnes ivres souvent ne perçoivent que la côté négative de la vie, ils ne saisissent que le défaut d'autrui et pour cela, ils ne se rendent pas compte du beau de cette existence exquise. La belle partie de nous n'est pas visible aux leurs yeux, pour cela ils semblent agressifs et méchants, mais on n'a pas besoin de s'épouvanter, c'est juste leur façon de se défendre contre leurs propres faiblesses.

D'ailleurs l'alcoolique vit perpétuellement avec les sens de culpabilité, il sait de faire du mal à soi-même et à ceux qui l'aiment. Il nous mentira tout le temps, il ne réussira jamais à terminer un seul projet et, si nous l'aimons, il nous laissera seuls parce qu'il est périodiquement déprimé.

Notre présence lucide l'importunera, le tentai pour essayer de s'approcher trop à lui reste inutile ; il pourrait avoir une attaque de panique, et dans cette situation nous ne saurions pas vraiment quoi faire. Il est inutile de raisonner avec lui sur ses phrases, sur ses mensonges ; ses peurs ne réussiront pas à lui faire rédiger un discours sensé.

Une fois, j'ai entendu dire d'une femme qui souffrait de cette maladie : « Si tu veux que je reste encore avec toi, tu devras complètement te ficher de moi ». Donc, vous voyez, quel est le sens de l'avoir l'amour de quelqu'un seulement quand ce quelqu'un ne t'intéresse plus ?

L'alcoolique sait même tomber amoureux, mais dans la plupart des cas il tombe amoureux des partenaires d'autrui qui représentent une stimulation destructive ; parce que c'est la démolition qui fait partie de leur nouvelle personnalité : l'alcool, c'est-à-dire leur maladie, le lui interpelle sans cesse.

L'être humain ne connait rien du vrai chemin de la vie. Dans la plupart des cas on ne sait pas qui on est, ni d'où on vient, ni quel sera le but de notre existence.

On est manipulés par des forces inconscientes qui, à travers la publicité, nous imposent coutumes, vices, désirs, etc. Notre dessein c'est que l'être humaine connaisse soi-même et il puisse se libérer de ce faux monde illusoire dans lequel nous vivons, et où peu de gens sont vraiment heureux.

Témoignage

On n'a pas besoin de discuter amplement sur les effets de l'alcool. Il a le même nom arabe de l'étoile Alcol (qui représente la tète de la Méduse coupée par Persée), il signifie simplement Démon ; et c'est effectivement un démon, un esprit maléfique qui s'empare de l'homme.

Ce que j'affirme c'est évident et facilement démontrable par ses effets qui vont de l'ivresse au delirium tremens et à la folie et ils se transmettent dans leurs descendants sous forme de paralyse et d'autres maladies héréditaires.

C'est indiscutable que l'alcool, qui est un produit de rebut qui s'origine même dans notre organisme et qui est éliminé par la peau, a une tendance vibratoire, désagrégeant, dissolvante et destructrice ; il essuie nos tissus et il démoule les cellules nerveuses, qui sont progressivement remplacées par les cartilages.

Il est clair et évident que l'alcool tend à éliminer la capacité de penser indépendamment et de juger en forme sereine, parce qu'il stimule fatalement la fantaisie et il débilite même épouvantablement le sens éthique et la liberté individuelle.

Les dictateurs et les tyrans n'ignorent pas le fait qu'il est plus facile de gouverner et d'esclavager un peuple de buveurs qu'un peuple d'abstèmes…

En état d'ivresse on commit des actes contre la dignité, contre le sens moral et on connait l'influence que l'alcool a sur les crimes. Le vice abominable de l'alcool a laissé derrière soi des centaines de morts, des fils avec retards mentales, rancunes et des familles entières abandonnées à cause de lui et il a enlaidit et dégénéré la race humaine.

La société a idéalisé le faux concept du machisme ; voilà pourquoi on pense erronément que pour être des hommes on doit avoir des vices comme l'alcool ou la cigarette. Ces concepts erronés ne servent qu'à adresser les gens au vice de l'alcool car ils veulent imiter ceux qui ont fait leur croire d'être devenus, grâce à cela, des garçons et des hommes ; alors qu'en réalité l'être humain n'est qu'un humanoïde intellectuel. C'est le super homme qui est un vrai homme, l'Initié qui a éliminé tous ses défauts et il a transformé de l'eau en vin. Les vrais hommes sont : Krishna, Bouddha, Jésus, les douze apôtres, Samuel Aun Weor, etc.

Comme l'alcool ne peut pas être transformé dans l'estomac, l'organisme tient en se défendant par le vomissement et d'autres malaises, avant de l'intoxication véritable.

Peu à peu l'être humain, ses cellules, ses atomes s'accoutument et donc voilà qu'il faut de s'enivrer. Seulement quand l'alcool du flux sanguin rejoint les cellules cérébrales se produit dans le corps humain une super excitation et une euphorie.

C'est en cet état d'ivresse que l'homme ressemble à un paon royal qui s'exhibe en se sentant observé, et c'est seulement quand la super excitation passe aux cellules cérébraux, qu'elles s'enivrent et l'individu perd le contrôle du mouvement et de la raison.

L'organisme, en n'étant pas habitué à l'alcool, tient, bien que peu à peu le system nerveux s'endommage et produise la perte de la capacité de coordonner les mouvements, le déséquilibre et les chutes ; si on en abuse, il peut produire l'Ataxie Locomotrice, c'est-à-dire une paralyse propre des alcooliques.

Les boissons alcooliques génèrent des effets dépressifs et une sensation de chaleur apparente due à la dilatation des vaisseaux sanguins ; en réalité c'est l'organisme qui est en train de perdre de la chaleur.

En état d'ivresse, l'alcoolique ressemble à un singe, il joue les sales tours, il devient comme un clown, danseur, bagarreur, il tombe amoureux de la femme d'autrui et il baise même ses amis. Quand les ivres perdent le contrôle total du mouvement, ils ressemblent aux cochons trainants dans la boue et dans la poubelle, accablés dans n'importe quelle rue de la ville ou du village.

Il y a des ouvriers qui ne peuvent pas faire aucun travail s'ils ne sont pas ivres ; il y a des vendeurs qui doivent s'enivrer pour faire leurs ventes et il y a même des médecins alcooliques qui ne réussissent à faire une opération chirurgicale qu'en buvant une demi-bouteille.

Chaque fois l'intoxication augmente et l'alcoolique se transforme en un automate, en une machine humaine, où la seule pensée et la seule raison d'existence c'est le boire. C'est la fin inévitable de chaque intoxication alcoolique que les facultés intellectifs s'altèrent, que la foi s'enflait, le cœur souffre, se crée l'ulcère, la cirrhose hépatique, et personne peut établir ce que c'est qui a provoqué la mort : Ce sera-t-il à cause du cœur ? De la cirrhose hépatique ? D'un accident d'auto ? Ou sera-t-il une morte violente provoquée par un désagrément émotionnel, mental, ou à une hémorragie interne ?

La mort causée par l'alcool semble être terrible, il y a même quelqu'un qui ne mange pas pour ne perdre pas l'ivresse : un vrai suicide. L'alcool c'est le coupable du 70% des accidents et de la plupart des homicides ; il génère un excès d'acide chlorhydrique, une détérioration des tissus, des parois de l'estomac, des vaisseaux sanguins, en donnant lieu aux ulcères et hémorragies… L'excès d'acide chlorhydrique produit la gastrite alcoolique.

Le foie, qui accomplit les cinq fonctions vitales importantes, neutralise aussi les toxines en produisant beaucoup de substances vitales pour maintenir le corps en bonne santé. Au contraire, l'alcool, interrompt ces fonctions en générant la cause principale de mort dans l'alcoolique : une mort horrible.

Dans les cliniques et dans les hôpitaux les alcooliques sont énervés à cause de l'abstinence ; ils réclament, ils crient, ils prétendent de boire, leur désespoir est épouvantable : quelques-uns meurent en vomissant sang, d'autres avec terribles diarrhées sanglantes etc.

L'alcool brule la queue du spermatozoïde et cela origine des fils qui présentent des déficits. L'alcoolique aura de la tension et il souffrira des différents cardiopathies, la chose plus grave c'est que l'alcool peut produire l'impuissance sexuelle prématurée ; il y a nombreux cas de gens, moins de dix-huit ans, victimes de l'impuissance à cause de l'alcool.

Psychologie De L'alcoolique

L'alcoolique entièrement intoxiqué dépense tout dans le vice en gaspillant ses biens, en s'approuvant, en mendiant, en volant, en escroquant ou dans les pire des cas en devenant pique-assiette ou mendiant de l'alcool. En ce cas, on perd l'honneur, la dignité, la responsabilité, etc.

L'alcool devient pour l'alcoolique une nécessité vitale, fondamentale alors que les choses sérieuses de la vie perdent leur valeur en transformant l'alcoolique en un irresponsable. L'intoxiqué est immoral, dans le sens le plus complet du mot. La dignité, l'honneur, l'honnêteté, la responsabilité morale, le mot « donnée », la vertu etc. n'ont pas aucune importance. L'alcoolique insensible rie de toutes ces qualités humaines et il se sent même infiniment supérieur à tous ses semblables.

La véritable campagne effective contre l'alcool on la fait en expliquant tous ces aspects à l'école, aux collèges, aux universités, etc. Seulement la compréhension créatrice peut empêcher les gens de tomber dans ce vice épouvantable.

La véritable éducation commence dans le milieu familial. Les pères de famille qui boivent donnent un très mauvais exemple à leurs enfants et ils les conduisent sur le chemin fatal de l'abîme. Dans toutes les familles on doit enseigner aux enfants ce que c'est cet horrible vice, en leur donnant le juste enseignement et le bon exemple. Ce qui est bien appris au foyer n'est jamais oublié.

Les bases de la jeunesse se trouvent dans la famille, à l'école et dans la rue. La jeunesse élevée sur la base de l'éducation fondamentale, c'est en effet édifiante.. La jeunesse élevée sur faux fondements accomplit par conséquence logique, un chemin trompé.

Les excès de la jeunesse se révoltent contre la vieillesse, payable avec intérêts très chers ; par conséquent sans une éducation fondamentale, la jeunesse résulte perpétuellement ivre: c'est la fièvre de l'erreur, la liqueur et la passion animal.

La science gnostique étudie les fondements qui emmènent à l'auto-connaissance, à la perfection et à vivre mieux : La science gnostique lutte pour la régénération humaine, pour récupérer et élever les valeurs morales et spirituelles dédaignées par l'intellectualisme athée ; en plus elle enseigne les trois facteurs de la révolution de la conscience et l'auto-exploration intérieure à travers de l'auto-observation pour connaître les cause et éradiquer de nous-mêmes l'erreur et la douleur.

Samael Aun Weor

« Ecoutez-moi très bien étudiants gnostiques, à la lumière du soleil ou de la lune, du jour ou de la nuit, avec le démon Algon il faut être radical. L'alcool, c'est très tricheur et à la fin il nous donne le coup de poignard dans le dos. Notre propos c'est que l'être humaine connaisse soi-même et il puisse se libérer de ce monde faux et illusoire où nous vivons et où personne n'est heureux ».

John Gray

« Quand un homme écoute sans juger mais avec participation une femme qui exprime ses sentiments, elle se sent écoutée et comprise. Plus une femme se sent écoutée et comprise, plus lui sera facile de donner au partenaire l'acceptation dont il a besoin.

Quand une femme est avec un homme sans chercher de le changer, il se sent accepté. L'acceptation de la part d'elle ne signifie pas qu'elle le considère parfait, mais simplement qu'elle ne cherche pas à l'améliorer, car elle est fermement convaincue que ce sera lui-même à s'améliorer. Quand un homme se sent accepté, il lui réussit beaucoup plus facilement à écouter et donner à sa copine la compréhension qu'elle mérite ».

C'est Tout Ecrit
Seconde Partie
Maurizio Ortuso
Ottobre 2010

L'expérience

Ne faisons-nous pas l'expérience de parler de souvenirs car c'est garanti l'échec avec les trous de mémoire qui réussissent toujours à nous décevoir.

Si on tombe amoureux d'une personne alcoolique nous devons nous préparer à un amour plein de découragements parce qu'ils désertent de notre cœur même si nous sommes les personnes les plus chères à eux ; ils préfèrent s'obscurcir, s'isoler pour rester en compagnie de l'alcool.

On trouvera ces personnes très irresponsables, à lesquelles on ne peut pas faire confiance ; elles n'ont pas de respect pour ceux qui l'aiment et pour ceux qui les entourent ; elles préfèrent enivrer leur vie même jusqu'à une perte de contrôle, elles se comporteront comme goulues et elles risquent de faire usage de la violence sans raison.

Un fils de mon ami a été tué ici, à Stockholm, son visage a été piétiné sans la moindre retenue par des garçons ivres ; ce geste les a fait sentir forts et importants. En fait, juste ici, en Suède il est connu le fait qu'on a un Etat qui protège une société non seulement prolétaire mais aussi enivrée ; d'ailleurs on est obligé à réaliser majeurs attentions dans l'assistance sociale, autrement le Pays entier s'effondrerait.

Chaque pays a ses défauts ; même l'Italie, mon pays natal, vient toujours peint comme corrompu : c'est un état dont nous n'avons pas besoin de confirmation ou d'épreuve admirable, c'est une vérité que tout le monde connait et beaucoup d'hypocrites ne veulent pas comprendre en se cachant derrière la loi du silence.

Ce dernier concept aussi est tout écrit, je ne l'ai pas inventé ! Je l'ai lu dans les livres, sur les journaux et où qu'on parle de l'Italie. Sur l'Italie ont écrit sociologues, journalistes, intellectuels et même des gens ordinaires comme moi.

Notre moral aussi est écrit un peu partout, on peut voir ce qui est resté des nos saisons : quoi qu'elles en soient chaudes, froides et tièdes, le soleil nous fait sourire, la pluie nous énerve, les journées grises nous attristent.

Exactement comme la manière de vivre à l'italienne, nous tous de temps en temps on s'arrête et on se demande ce qu'on est en train de faire ; on tire les conclusions et y on s'aperçoit de combien on est heureux ou non, de combien la vie nous effraye.

Quand on s'isole, on pense à nous-mêmes et on se souvient de tout ce qui a été écrit, on se fait aider de cela, on répète continuellement ce que les livres nous ont enseigné, on se tire tous nos peurs, on se fortifie de courage.

La méditation par exemple n'est pas absolument une idée malsaine ; le bouddhisme aussi a la morgue de nous l'enseigner. Je ne suis pas un grand expert, même si je suis un pratiquant tibétain, mais je vous assure que Dalai Lama dans son livre « Le sens de l'existence » m'a aidé à obtenir la sérénité intérieure, certainement plus de ce qu'il pouvait faire le catholicisme ; d'ailleurs on sait que l'église est toujours là à nous attendre, elle nous accompagnera avec ses lemmes d'espoir au-delà de la vie. La construction du karma bouddhiste au contraire c'est à nous de la chercher, soi la sérénité interne que l'équilibre spirituel.

La vie souvent nous met au pied du mur ou elle nous flanque par terre sans s'occuper si nous nous faisons du mal, c'est à nous de savoir gagner n'importe quel bonheur en continuant à croire dans les projets que nous nous sommes préétablis. Il n'y a jamais un seul bonheur, il y a aussi celui que nous donnent les autres, dont souvent nous nous n'apercevons pas ; puis il y a celui qui nous-mêmes reconnaissons, beau et grand qu'il soit qui se propage dans l'air.

Il est important de savoir aller d'avant, « qui s'arrête est perdu » disaient nos anciens. Même ça est écrit. Dans les livres déjà écrits on trouvera la confirmation des mes commentaires. Regardez-vous bien de me considérer un écrivain, parce que je ne le suis pas, je reporte seulement ce que ma recherche littéraire m'a enseigné, je récris ce que j'ai déniché dans les livres, j'utilise probablement un autre ordre chronologique et un point de vue différent.

Je n'ai aucun mérite en écrivant tout cela, au contraire quelque fois ça me fait honte, mais je le dois faire parce que j'en ai envie ; au contraire celui qui a compris que le savoir aide à grandir, sent le besoin de lire. Si j'étais un écrivain je rédigerais des romans pour gagner de l'argent. J'ai la fixation d'écrire les livres même si j'en ai honte et je les relis quand je les ai terminés.

Sur ces pages je me limite à faire l'ouvrier des individus instruits, peut-être nous pouvons souvent croire à eux, d'ailleurs ils font le beau et le mauvais temps. De toute manière c'est tout écrit, avec leurs matériaux nous aurons la possibilité de les étudier et, en voulant, de les juger aussi comme mieux on pense ; mais ils ne sont pas intéressés à notre opinion, pour eux il est important de laisser leur message afin que nous puissions partager leurs concepts développés par la lecture : eux aussi déduisent en considérant ce qui a été déjà écrit.

Ils nous font tout savoir mais leur pouvoir c'est qu'ils savent deviner le juste moment parce que ce dernier appartient aux chercheurs de l'intelligence.

Cependant, parfois, notre ignorance nous bloque surtout dans les moments où il nous faut le plus, même la sagesse de ceux qui sont plus âgés de nous est toute écrite.

Un homme qui rêve de laisser quelque trace importante dans cette vie, ne nous abandonnera pas tant qu'il n'aura pas attendu son but.

Donc, prenez-vous bien en considération que derrière un livre il y a toujours un technique de l'esprit, un dépendant des intellectuels, ceux qui ont la A majuscule pour ainsi dire.

Lisez-vous quelque livre d'Alberoni et vous comprendrez beaucoup de choses, étudiez-vous Freud et Fromm et vous vous rendrez compte de ce qui a été cité dans ces pages. Je ne veux pas critiquer ce que qu'il a été écrit dans quelque page précédente quand je parlais de Suède ; je voulais seulement apporter légitimement mes expériences de vie là.

J'ai indiqué ce Pays là comme lieu de rencontre pour déprimés et alcooliques, mais veuillez-vous comprendre que derrière un stylo, nous tous sommes capables d'être éloquents. Je vous assure qu'en vivant beaucoup d'années dans ces Pays Nordiques, comme je suis en train de faire, on se construise une cuirasse et si on ne le faisait pas, on perdrait la lucidité en s'homologuant. Notre façon de vivre détruit notre identité en faisant l'homme malheureux et seul.

Le scandinave, en général, vit dans une civilisation alcoolique et le plus beau, c'est que cette dernière remet et accepte la mauvaise partie de leur façon de vivre ; ils font cela pour un choix culturel, pour le consentement de la société nordique en général. Je suis sûr que ce qu'ils appellent fièrement le paradis, c'est au contraire très dangereux.

Il n'était pas dans mon but d'attaquer le nord d'Europe, mais c'est juste là que j'ai appris toute mon expérience qui m'a aidé à rédiger ce livre ; je veux être honnête, ce que j'ai écrit dans ces pages démontre que c'est là que je vis par choix personnel ou peut-être parce qu'ils m'ont trompé avec leur culture, en m'éblouissant et en me faisant initialement des illusions, mais c'est derrière cet aspect qu'il se cache une veine de racisme jamais oublié dans l'histoire et un égoïsme effronté pour l'homologation et l'uniformisation.

Dans ce pays froid et rude, voyez-vous ça, le système fonctionne de a à z, comme les montres suisses : les bus ponctuels, les trains à l'heure, la poste, les banques, mêmes les files d'attente sont toutes régulières ; il faut que tout fonctionne, sinon cette société tomberait dans le panique ; c'est sûr que dans ce pays on ne serait pas capable de s'adapter aux désagréments comme au contraire il se passe dans le méditerranée. Même le silence fonctionne, ils se taisent toujours et je me suis toujours demandé le pourquoi.

Eh bien, maintenant je suis sûr de savoir le pourquoi : très simplement ils n'ont rien à dire, voilà pourquoi ils ne trouvent jamais avec qui parler quand ils sont sobres. Ils ne peuvent même pas écrire, parce qu'ils ne le savent pas faire, il s'agit d'une classe ouvrière et les intellectuels, s'ils ne vivent pas au-dehors de cet pays, ils sont camouflés car alcooliques et entre les gens ivres on ne réussit pas à reconnaitre ces sujets potentiels.

En revanche, dans ce pays il y a beaucoup d'autres choses : c'est que tout est nouveau, tout est moderne, tout est nettoyé. D'ailleurs s'est ainsi qu'ils sont obligés à vivre : le chaos, la saleté on le trouve, si on est malchanceux, à l'intérieur des personnes trompées, c'est-à-dire en eux-mêmes ; en réalité dans la scène de leur vie tout est en ordre et ils n'éveillent pas de soupçons, un peu comme toutes les cultures de ce monde.

Chaque pays a son coté négatif. Ne pensez-vous pas à moi, après ce que j'ai écrit, comme à un ennemi des Pays Nordiques ; je ne pourrais pas le faire. Ce que j'écris me touche, c'est une réalité que je connais et je me sens obligé de la raconter par jugement. D'un autre côté, eux-aussi ont des excellentes idées de comme on doit grandir, pour cette raison j'ai étudié dans leurs Universités et à ce propos je ne veux remercier que le Suède qui m'a donné cette opportunité, surement si j'étais resté en Italie je n'aurais jamais pu le faire.

Il est vrai aussi que dans leurs écoles à l'avant-garde ainsi comme j'ai découvert tout ce qu'ils ont écrit, j'ai aussi identifié tout ce qu'ils n'ont pas écrit. Ils sont des spécialistes, comme les américains et notres politiques, quand ils font des choses inutilisables, ils sont aussi très habiles à créer des scandales. Cet air de supériorité au début me gênait un peu mais, maintenant, je m'y suis habitué, je les pardonne parce que je sais que eux-aussi ont froid comme moi.

Ils s'affligent souvent pour leur vice de boire mais seulement pour pouvoir s'approcher aux autres, ils ne réussissent pas malgré tout à se lever le sens de culpabilité qui les tourmente.

C'est l'alcool leur argument social, ils vivent en dégageant des préjugés et de l'envie de toutes parts. Ils réussissent, avec leur pessimisme, à nous mettre de l'angoisse, même si on ne le lui a pas demandé. Peut-être ils ne le font pas à dessein, d'ailleurs ils n'éprouvent pas d'émotions, spécialement ceux qui ont toujours avec eux leur ami alcool.

Ils ne préfèrent pas la Bible, la spiritualité, l'art et la religion en général. Pour me faire pardonner de ma loquacité je veux tirer les dés en leur faveur : j'ai lu de quelque part que le Suède a été un Pays fondateur des associations « Alcooliques Anonymes ». Un peu comme les italiens sont les fondateurs des « Cosa Nostra » et « La Cupola ».

Cependant les Suédois vantent un grand et fier prestige : c'est qu'ils sont les distributeurs du prix Nobel. Alfred Nobel a inventé la dynamite : c'était à lui de produire un explosif efficace pour briser les grosses pierres qui empêchaient le développement urbain et de construction de ce Pays. Dommage que pour construire des routes et des maisons, il ait créé une des armes les plus homicides.

Le prix Nobel est un rachat moral de la société mondiale. Les italiens aussi ont inventé beaucoup de choses en plus de la pizza, et pardonnons-nous l'ignorant qui ne sait pas que le 70% de la culture ancienne et de l'art c'est née dans la belle Italie. Je ne comprends pas pourquoi les Italiens ne sont pas nationalistes même si le reste du monde les imite et les étudie.

Ce sont les événements du Méditerranée qui ont écrit l'histoire de l'Europe. Et donc même tout cela a été écrit. Quand en Italie on faisait les défilés de mode dans les palais des empereurs romains dans les autres pays on vivait sur les arbres ou dans les cabanes de bois couverts de peaux des animaux morts.

Bref, ce paradis d'apparences est risqué, il peut nous tromper, il nous fait vivre le passé et nous projet dans le futur en nous faisant oublier le présent. Ils ont écrit ces théories et je les ai appris en suédois. Que restent-ils ici pour profiter du soleil, que là il n'y a jamais, parce que quand il y a, il dure peu de temps et il n'est même pas suffisant à échauffer le cœur.

Nous nous sommes toujours demandés pourquoi ces scandinaves sont si froids, il est claire qu'ils n'éprouvent pas de sentiments et c'est précisément pour cette raison qu'il y a un haut degré de séparations, d'incestes, des violences carnèles et rien de moins que des suicides. En vain ils cherchent l'amour qui n'éprouvent pas et un bonheur qu'il n'y a pas. Nous ne saurions pas de quoi s'en faire de leurs attaques de panique, du changement de personnalité dû toujours à l'abus de l'alcool.

On dit que où il fait très froid l'alcool devient essentiel jusqu'à se transformer en culture. Donc cela signifie qu'en face de nous nous avons une société souffrante, parce que l'alcoolisme c'est une vraie et propre maladie.

Entre eux nous pourrons rencontrer des schizophrènes, toujours à cause de l'alcool mais les schizoïdes qui souffrent de cette maladie invisible ne se sentent pas malades, ils ont simplement le complexe de l'être.

Vous n'avez pas idée de combien de cafés et de cigarettes j'ai consommés pour mettre ensemble ce lambeau de langue que je parle, que code n'est pas, et vous n'avez pas idée de combien de fatigue j'ai fait pour comprendre leur attitude. Nous avons leur enseigné toute notre culture méditerranée, mais ils sont restés des vikings.

Ici les femmes jusqu'il y a cinquante ans n'utilisaient pas de culottes en engendrant des maladies dangereuses. Elles n'avaient aucune autre chaussure en plus des sabots de bois. Elles ne savaient pas ce qu'ils étaient les toilettes, les égouts, et l'hygiène ; en 1500 leur roi était ivre dès le matin, mais il gouvernait le Pays tout de même, l'Eglise fut aussitôt chassée parce que elle était purificatrice des âmes. Là au froid la spiritualité ne doit pas exister tandis que pour les italiens ça a marché pire : la religion maintient un pouvoir qui anesthésie la croissance du Pays.

Ici c'est toute nature, toutes forêts, tous lacs et tout le monde dans le noir, un manteau de neige pendant des mois et des mois couvre tout le Pays. Les jeunes se déplacent sans cesse, tous le monde est à la recherche d'un équilibre ; quand ils le trouvent, cependant c'est trop tard pour pouvoir le jouir. Ils vivent tous seuls, il y a une infinité de studios et une infinité des filles mères. Les jeunes sont perpétuellement malheureux et déprimés et ils ne se consolent pas parce qu'ils ne comprennent pas la source de leur tristesse, ils ne s'aperçoivent que le style de vie que le système leur offre, c'est leur piège.

Leur monde ressemble au Pays des jouets, où l'état tient lieu de mère, où le policier, l'assistent social et l'attaché font compagnie aux leur semblables.

L'amour vrai et spontané ici on ne le voit pas, comme on ne voit pas le soleil ; là il n'y a pas de féminité et automatiquement il n'y a pas d'hommes qui ont envie de recouvrir le rôle que Mère Nature leur a donné. Le vent d'une culture émancipée à emporté tout, et dans quelques décennies, très probablement, cela arrivera aussi au sud de l'Europe. Peut-être pourquoi ! Peut-être parce qu'ils ne savent pas aimer, peut-être parce qu'ils cachent quelque chose d'important, peut-être parce qu'ils aiment quelque chose d'autre, peut-être parce qu'ils ne s'amusent pas.

Le fait de fêter, s'enivrer, retrouver les amis de toujours, rêver de n'aimer personne pour tomber amoureux de quelqu'un d'autre, parce que l'amour finit, c'est que tout le monde dit, donc c'est tout écrit, ici et qui sait en combien d'autres livres.

On aime qu'une seul fois, les fois suivantes servent seulement à produire et à alimenter un souvenir : malheureusement c'est comme ça. Je voudrais écrire juste en ce moment que ce n'est pas comme ça, mais je n'ai pas encore pu en constater le contraire.

Je ne nie pas que quelque fois je prendrais ce livre et je le jetterais dans le tiroir comme j'ai fait avec les autres, mais j'ai l'impression que le filon direct que j'ai trouvé, c'est-à-dire ce qu'il me donne le courage de continuer, il existe et c'est juste à travers ce fil que je voudrais laisser, à tous ceux qui avaient besoin de se le sentir dire. Pourtant, en éprouvant une émotion on peut se sentir vif et lucide. L'amour, c'est la seule chose qui nous rend lucides, il ne nous faut rien d'autre! Ce qui reste c'est un palliatif de la vie, la maladie n'est pas belle, bien sûr spécialement *celle actuelle* mais très probablement c'est la peur qui nous fait tout oublier. Le grand amour n'existe pas ! Ce que nous appelons « Grand amour » c'est seulement « amour », c'est nous qui lui associons cet adjectif.

**C'est Tout Écrit
Troisième Partie
Maurizio Cosimo Ortuso**

L'amour

L'amour comme la vie nous dira tout, ce n'est que celui-ci qui a ce pouvoir. Contrairement au temps qui seulement s'en va, nous restons à espérer qu'il s'arrête, mais on ne peut que nous résigner. Tout le monde a un coin où consumer l'amour qui nous aidera à gagner tout, en admettant qu'on le trouve. Si celui-là il n'y a pas, si on ne le voit pas, si celui-là on ne l'écoute pas, on restera tous seuls avec nous-mêmes, mais s'il ne doit pas être comme ça, on est obligés de chercher le mieux pour nous-mêmes parce que nous valons plus du jugement des nos ennemies.

Si l'amour ne viendra pas, c'est parce qu'il ne peut pas courir après nous pendant toute la vie ; l'amour aussi est digne comme tous les sentiments sérieux. On ne peut pas se moquer des sentiments, ni des nôtres, ni d'autres. Si on n'a pas été capables de donner amour, si on n'a pas été capables de comprendre, si ce n'était pas amour mais seulement fausseté, c'est à nous d'en subir les conséquences.

Dans ce livre on ne fera pas de tendance à se poser en victime ou en coupable. Ce livre n'est pas surement un tribunal seulement parce que c'est tout écrit ; même l'amour qu'on éprouve pour quelqu'un c'est tout écrit et cela se trouve dans notre cœur, dans le cœur de notre bien-aimé, bref partout. C'est à nous de le reconnaitre, si la pensée ne nous trompera pas, c'est elle qui nous aidera.

Je n'ai jamais rien appris, mais pour comprendre tout ce que je ne sais pas, je fais toujours avec naturel tout ce que j'ai envie de faire. Je dis toujours n'importe quelle chose, parce que je n'ai d'obligation et d'engagement envers personne.

Je n'appartiens à aucun parti politique. Je suis absolument libre d'être drôle ou choquant. Je ne me préoccupe même pas de me contredire parce que si quelqu'un est conséquent pendant toute sa vie, il est considéré un idiot. Celui qui grandit, doit se contredire plusieurs fois : qui sait qu'est-ce que le demain peut-nous offrir ? Le lendemain pourrait complètement annuler le jour. Et moi je suis prêt à suivre le courant de la vie sans aucune hésitation. Toute personne qu'on rencontre va lutter avec ses problèmes. Donc soyons gentils avec tout le monde ! On ne pourra pas résoudre leurs ennuis mais notre gentillesse peut-être les encouragera à n'y pas renoncer. Notre gentillesse peut être le miracle qu'ils étaient en train d'attendre. Souvent, sans le savoir, on fait des vrais miracles. Dalai Lama.

Le Silence

Le fait de ne pas parler c'est faire du silence, le fait de ne pas pouvoir parler c'est se taire ; quand nous n'avons plus rien à dire alors nous ne devons pas parler ; quand nous voulons dire plus que tout, alors il vaut mieux rester en silence ; quand ce n'est plus la peine de parler, c'est ceci qui signifie silence.

Ce courage précieux peut faire beaucoup de boucan, c'est le cri le plus fort, mais ce ne sera pas facile à utiliser. C'est seulement le silence qui n'a pas de comparaison, c'est seulement le silence qui peut donner une grande signification, c'est seulement le fait de se taire qui peut donner un grand résultat, mais ça ne sera pas facile. Pour faire du silence, on ne doit pas céder ; si on est tus il nous est permis de souffrir, en absence de mots inutiles on peut savoir dire la chose exacte, au bon moment. On doit savoir utiliser le silence. Si on ne sait plus où on est en train d'aller, alors on doit s'arrêter pour voir d'où on est venus et pour vivre la vie en rêvant que le mieux dois encore arriver. Le silence pourrait être une arme intellectuelle dangereuse, on fait peur quand on reste en silence, on nous procure du mal en se taisant pour obtenir des réponses, des résultats et de la vérité.

C'est au silence que, parfois, on doit recourir, crier, c'est avec le silence que on doit se disputer, c'est le silence qu'on doit chercher, encourager, mendier ; ce ne sert à rien d'aimer à haute voix si la personne qu'on aime, ne le sait pas apprécier.

Il faut absolument apprendre à utiliser le silence ; ce sera l'absence de mots qui nous donnera la force intérieure pour continuer à se taire : si on utilise de l'hystérisme, de la menace, de gros mots, des insultes, des mensonges et des méchancetés on comprendra dans la plus probable des hypothèses que si on se taisait, on ne ferait pas beaucoup de dégâts. On est obligés à se taire seulement quand on lit, quand on écrit, quand on dort, quand on aime, quand on est triste, quand on est tous seuls, quand on ne croit pas pour ce qu'on vit, quand on sait qu'on aimait la personne qu'il ne nous fallait pas, quand on connait la verité, quand la réalité est amère et enfin quand la véridicité nous fait mal. Il n'y a pas aucun doute : c'est le savoir qui nous aide à grandir, c'est tout écrit, surtout maintenant que je me suis enfoncé dans le carrefour du livre ; je dois beaucoup à celui-ci, j'ai déjà écrit quelques manuscrits dans le passé mais je n'ai plus réussi à les comprendre ; plus je les relis moins je les comprends : évidemment quand je les ai écrits, j'ignorais que j'étais un idiot.

La Trahison

Ce sont les personnes les plus solaires à être touchées des délusions, car elles démontrent leurs sentiments, elles sont automatiquement les plus vulnérables. Ce sont elles qui sont toujours trompées, mais il est vrai aussi que quand elles décident de se laisser derrière soi les traîtres, elles ne changeront pas d'avis.

Si quelqu'un nous trahit, on ne doit pas de force le pardonner, on peut le lui faire croire, si ça lui fait plaisir, mais en nous-mêmes on ne pardonne pas ni celui qui nous trahit, ni celui qui nous déçoit.

Celui qui en profite en confessant sa trahison à l'égard de toi, c'est un lâche, et pas ça seulement, il est venu aussi à découvert en perdant ainsi toute chose : la dignité, la confiance, l'amour et en plusieurs cas sa famille.

A mon avis derrière cette façon de penser il y a souvent et volontiers la patte de l'alcoolique.

L'alcoolique vit toujours dans un paradis tout personnel comme les enfants, l'alcoolique veut vivre et cohabiter seulement avec ceux qui, comme lui, consomment de l'alcool. L'alcoolique est perpétuellement découragé, et c'est pourquoi qu'il ne grandit pas, il ne se réalise pas et il démontre sa grave irresponsabilité ; on dit grave parce que l'alcoolisme est une maladie reconnue. Oui ! Une maladie qui en porte d'autres, soit psychiques que physiques : on peut nous trouver en face des schizophrènes, des épouvantables, des irresponsables, mais on ne doit pas nous désespérer parce que ça leur est tout à fait égal ; l'alcoolique ne nous appartient pas, même si sans cette personne nous ne saurions pas vivre, elle nous portera de toute façon à la misère.

Ne leur révélez pas cette découverte, vous leur feriez encore plus du mal, usons-nous le silence, faisons-nous usage de cette qualité. Seulement si on sera capable de se taire, on lui communiquera très probablement quelque chose. Je sais qu'on utilise peu le silence, pas tout le monde en est capable, faisons-en une raison, la seule façon de terminer une histoire importante ; le prix reste toujours élevé, c'est cela notre chance de montrer qui nous sommes vraiment.

Eh bien c'est seulement le silence qui fonctionne, je ne connais que ce bruit qui peut donner les mêmes résultats. J'ai tout essayé, mais j'ai perdu seulement du temps.

S'il n'y avait pas eux, s'il n'y avait pas de soirées magiques, s'il n'y avait pas de pensées, s'il n'y avait pas de désirs, s'il n'y avait pas d'angoisses, comment pourrions-nous vivre ? Les vices nous poursuivent, mais ils font toujours leur devoir ; même si nous tuent, les faiblesses nous poursuivent, plus on veut les éviter, plus elles nous suivent.

Par contre pour beaucoup d'entre nous, l'amour, spécialement l'amour vrai, les évite, il leur fait peur, elles préfèrent rester proches à ceux qui n'aiment pas pour ne pas souffrir, ignares du fait que le prix à payer est exactement le double, même si leur illusion c'est de moins souffrir. Ce sont des concepts de vie qu'on trouve souvent dans le monde féminin ; pour les hommes très souvent cela n'arrive pas, mais ils sont très habiles à cacher le double jeu, parce qu'ils intègrent leurs relations avec les amantes et les escapades. L'homme cherche le bonheur et la vérité et plus il la cherche plus il trouve le malheur et le mensonge dans une majeure mesure.

C'est tout écrit, même notre vie, nos dettes, même les comptes moraux, et si on vous présente l'addition, payez tout immédiatement, même si cela vous semble excessive, soyez des gentlemans, c'est votre grande occasionne. Peu importe combien cette parcelle que la vie nous apporte c'est chère ; l'important c'est de se libérer de ce fardeau, si vous vous retrouvez à vivre ensemble une vengeance ou peut-être même appartenant au passé simple, payez. Plus tôt payerez et plus votre futur sera meilleur. C'est mieux de se tirer des ennuis affectives quand dans une histoire d'amour il y a des ressentiments, des vengeances, des malices et des méchancetés ; plut tôt vous en sortirez ce sera mieux pour vous. Cependant il n'y a rien de plus beau que de se réveiller heureux à l'aube.

Après n'importe quelle nuit, le jour arrivera ; après n'importe quel orage, le soleil reviendra ; après n'importe quelle descente, il y aura une montée. Si vous vous sentez trahis, quel mal y a-t-il? Si quelqu'un se trompe tout seul, laissez le faire, la jalousie ne vous aidera pas. Elle ne vous apportera que d'autres dommages, bref c'est une perte de temps consacré à une personne inutile qui dans le futur sera vous semblera étrangère; il y a aussi la possibilité que vous remerciiez cette méchanceté parce qu'elle vous a ouvert les yeux.

Combien d'entre nous on attendu le moment d'être libres, combien d'entre nous on attendu le moment pour chercher un vrai amour. Pensez alors à celles qui ont aimé un alcoolique vicieux, elles ont été complètement aveugles, elles ne se sont pas aperçues de rien, ni de sa maladie, ni de ses vices, ni de ses mensonges, et encore moins de la saleté qu'il cachait.

Celui qui trahit, toujours il a trahit, et toujours il trahira, il a fait du mal et il le fera malhonnêtement. Il n'a fait que construire son enfer ; celui qui s'éloigne, qui a peur d'aimer, qui ne le sait pas faire, qui n'est pas capable de l'éprouver n'est pas seulement un malheureux mais c'est un perdant aussi. Il ne pourra jamais aimer personne, c'est un égoïste, il trouvera toujours quelqu'un qui l'aime, parce que il sait choisir très bien ses victimes. D'ailleurs l'alcool fait toujours du mal à lui-même et à ses parents.

Le sort de la vie lui réservera la torture la plus atroce : il n'aura, en aucun cas, la possibilité d'éprouver l'ébriété de l'amour. Faire quelque chose pour quelqu'un, qui que ce soit, c'est un mérite pour peu de gens.

Mère Thérèse

L'amour qui Mère Thérèse avait donné pour les pauvres a été immense, elle a continué à le faire en sachant que le même Dieu auquel elle a offert sa vie, l'avait laissée seule. Elle s'en est allée déçue et malheureuse parce que son Dieu lui avait réservé le travail le plus modeste, une besogne que personne aurait pu faire mieux qu'elle. Il y a eu qu'une Mère Thérèse. On ne doit pas nous flatter de rencontrer une autre Mère Thérèse parce qu'on risque de rester amèrement déçus.

Les femmes d'aujourd'hui sont très différentes ; je ne veux pas les commenter toutes, je risquerai de mettre tout le monde dans le même sac et cela serait impropre. Mais il y a la tentation de me soustraire à des femmes si émancipées, si masculines comme celles qui se trouvent ici et qui ont comme ami le verre, l'attaché-case et la casaque bleue ; mais est-on ici pour les soutenir ? Ce sont des argumentations de comptoir de café ; en plus, même ces argumentations sont toutes écrites.

On parle beaucoup de cette façon de transformation de notre société actuelle, les hommes aussi ne plaisantent pas : ils s'épilent, ils se jouent, ils se maquillent, bref ils sont eux aussi à la recherche d'autres identités, comme si celles que leurs ancêtres leur ont laissées n'étaient plus agréables.

Par conséquent, l'intention de ce livre c'est exactement celle de répéter avec mes mots ce qui a été déjà écrit.

Changement De Personnalité

Donc pour un propos très important et inévitable, avec le changement de personnalité, même l'alcoolique subit une transformation nette. Il ne le réalise pas car tout se passe très silencieusement et très lentement, même eux se reconnaitront en qualité de dépendant ; eh bien, ça c'est la vérité sur leur nature qui est changée, pour la simple raison qu'ils ont aimé plus les boissons inébriants que nous.

Il n'y a pas de futur, ni pour eux, ni pour nous ; celui qui abuse du vice ne sais pas ce qu'il fait, il détruit soi-même et tout ce qui est autour de lui. Les alcooliques ne vont nulle part, ils restent où ils pensent vivre bien, mais ils sont toujours éméchés même quand ils ne boivent pas parce que toutes les maladies et toutes les meurtres des sentiments que l'abus de l'alcool comporte n'en fait qu'un perdant et souvent pauvre et ignorant. Cependant à l'idée que c'est moi que je l'écris ça me provoque une émotion, mais c'est là la force intérieure qui m'aide à continuer.

Je n'ai pas peur d'être attaqué et affronté, je n'ai rien à perdre, même si, après avoir écrit ce livre, je rendrai les Pays Nordiques plus découragés. Malheureusement je ne trouve pas agréable le fait qu'ils cherchent de profiter de moi, de ne me respecter pas et de n'être pas gentils avec moi.

Dans ce monde, déjà usé en soi, on n'a pas besoin de recevoir les violences verbales, émotionnelles ou physiques de ceux qui, en état d'ivresse, en abusent et ils vont au-delà, convaincus d'être supérieures à nous pour la seule raison que nous ne vivons pas leur ivresse. On n'a pas envie de les écouter pendant qu'ils estropient leur langage pendant tout le temps. Il ne faut pas penser d'être meilleures qu'eux mais nous, nous non alcooliques, nous aimons la beauté, nous aimons rire, nous amuser et peut-être même consommer avec critère un verre de vin pendant les repas.

Nous tous désirons aimer. Ce n'est pas que nous sommes pas d'égoïstes, mais c'est qu'on n'a pas besoin de devenir victimes forcées pour être à côté d'eux, avec les blessures souffrantes des moments passés, malheureux et découragés pour beaucoup de douleurs et de déceptions passées. Donc ils aiment être angoissés, du moins ils ont une raison en plus pour boire et pour s'enivrer.

L'alcoolique, celui d'autrefois habitait presque dans la rue, celui d'aujourd'hui, le moderne, c'est partout et souvent il ne le sait pas, parce qu'il choisit même les civilisations qui le lui permettent.

Un alcoolique scandinave difficilement vous le rencontrerez dans un musée d'art contemporain ou dans un théâtre pour écouter une opéra ; il est beaucoup plus facile de le trouver dans un pub ou sur une plage à se rissoler, ivre depuis les premières heures du jour ; il aimera parler de choses futiles plutôt que de talents. Il préfère faire du boucan avec ses semblables plutôt que se confronter avec ceux qui ne sont pas comme eux. Il peinera à respecter notre partie de vie propre parce que sa vie ne l'est pas du tout.

L'alcool rend comme un porc, il fait exhiber une fausse sensualité, le lendemain celui qui s'en souviendra, s'en repentira et libre de la dignité, il ne nous fait sentir ni homme ni femme, ni mère ni père, ni épouse ni mari, ni ami ni amie : bref en leur compagnie, ils nous feront seulement sentir des ivres comme eux.

Ce n'est pas que moi je n'apprécie pas la similitude avec le cochon, mais j'ai utilisé ce terme pour rendre compréhensible mon idée et, pour justesse, je profite de cette occasion pour rompre une lance pour ces pauvres animaux qui supportent l'infamie de tout le monde et les comparaisons les plus méprisantes même si les cochons parmi les animaux ce sont les plus intelligents et les plus sensibles : ils nous ont subvenus pendant les siècles depuis qu'on a commencé à comprendre la manière de maintenir la viande sous sel grâce d'autre part aux peuples nordiques.

Cela dit, je vous invite à réfléchir sur un autre animal, plus dégoutant, moins intelligent et un peu rude ; j'étais juste en train de penser : pourquoi ne supprime-t-on pas complètement le mot animal et on parle directement de la pire côté de l'homme ? En outre, je n'ai jamais entendu que les porcs, les porcs originaux boivent, donc exerçons-nous à nous détacher d'eux parce que c'est ce qu'on craint le plus de perdre. *Valentina Vitolo*

Caractère Renfermé

Si on garde tout à l'intérieur, on n'est pas d'épargnants de sentiments, de ressentiments, d'émotions, de tragédies, on est simplement frustrés d'un caractère renfermé.

Ne pas dialoguer c'est n'être pas solaire : sans dialogue on devient complètement passifs, personne ne nous comprendrait, personne ne réussit à communiquer avec notre caractère qui montre une grande porte fermée à l'entrée.

Peut-être on pourrait avoir une beauté intérieure mais personne ne le sait, même pas ceux qui nous sont proches. On fait souffrir ceux qui sont autour de nous, ceux qui nous aiment. Parlez de ce qu'on voudrait, de ce qu'on a besoin, c'est la seule manière pour nous faire comprendre ; si on garde tout, à la fin intérieurement on nous brisera en milles morceaux, on entrera dans un tunnel de dépression et personne ne pourra nous aider parce que on n'a parlé avec personne. Tout notre moi intérieur c'est écrit dans nous-mêmes. Faisons-nous le savoir à ceux qui nous aiment : on verra l'amour qui refleurira d'une nouvelle vitalité.

D'ailleurs c'est tout écrit, même si c'est caché dans nous-mêmes, c'est là qu'il y a et c'est là qu'il restera jusqu'au moment où nous ne le ferons comprendre à ceux qui veulent savoir.

Même si on cache nos faiblesses, nos rancœurs, nos amours, bref tout, la conservation de notre moi, qu'il soit beau ou mauvais, n'a pas raison d'exister si on la conserve seulement dans nous-mêmes.

C'est un peu comme pour un alcoolique, jusqu'à ce qu'il n'admette pas d'être ivre, jusqu'à ce qu'il ne trouve pas le courage d'en parler, personne ne pourra l'aider, il vivra de sens de culpabilité, dans la frustration, dans la solitude la plus absolue. Si on aime quelqu'un, on doit le lui faire savoir, nous et notre amant seront bien et on aura la possibilité de découvrir si cela c'est un vrai amour.

Même si on n'aime pas, on doit le faire savoir : on fera du bien pour nous, pour celui qui est en train de se faire d'illusions, pour celui qu'on trompe ; on ne fait souffrir que pour le plaisir d'être sadiques ou pour l'égoïsme de recevoir de l'amour en échange du mensonge.

Même cette façon d'être on la trouvera dans le caractère de l'alcoolique, il sera très triste de savoir et de découvrir, un jour, qu'on a été proche à quelqu'un seulement pour nous protéger, seulement pour perdre. Enfin, ce faux amour, ce rapport, ce monde s'écroulera, et c'est là qu'on devra payer tout, on nous fera du mal et on nous repentira de l'avoir fait.

Souvent on se cache derrière une façade pas vraie, on fait semblant d'aimer, pour nous sentir en sécurité, afin de nous enrichir sans mérite ; eh bien, ce ne sera que la tromperie plus grande qu'ils peuvent faire. Chaque vol sentimental ou économique qu'il soit, il échoue, il nous fera plus pauvre qu'avant. Tout ce concept montre que personne entre nous peut connaitre la partie candide qu'un alcoolique peut conserver en lui, ce n'est pas nouveau que de grands hommes et de grandes femmes ont souffert de cette maladie.

L'amour n'est pas seulement liberté, ce n'est pas seulement passion. L'amour est aussi confiance et respect. C'est sans ces bases solides qu'il n'a pas raison d'exister et qu'il ne pourra jamais durer. La tromperie jouera le jeu d'un boomerang, comme le mensonge, comme la fausseté et seulement quand on touchera le fond, on se rendra compte de la grosse erreur qu'on a faite.

Dans la moralité de la race humaine, le fait de faire semblant d'aimer c'est une sale prostitution de nous-mêmes. Les prostituées dans les rues sont moralement plus propres parce que elles vendent leur corps en soient conscientes de le faire ; d'ailleurs elles ne l'aiment plus, trop de monde l'a utilisé, trop de monde l'a humilié.

Le fait de se prostituer doit être très triste, il n'existe pas de détergent efficace pour se nettoyer de cela. Même ceux qui profitent de cette opportunité, ils savent qu'ils sont en train d'acheter une demi-heure de faux amour ; c'est un geste antique e barbare, même si nu. Donc, dans ce livre, on nous revoit tous. Cependant ceux-là aussi comprendront s'ils ont fendu, s'ils ont la connaissance d'avoir trompé leur Partner pendant longtemps ; il est arrivé leur tour, c'est à eux de souffrir de la même manière qu'ils ont fait du mal aux autres, maintenant c'est à eux de le faire.

Ils seront moralement piétinés par leur fausseté, leur manipulation, leur mensonge. Bref, ce sera la destruction d'un château sans fondements.

Tout le monde fait des erreurs pendant la vie, grands et petits qu'ils soient, mais c'est le plus grave quand on nous trompe à choisir le partenaire, ou quand on nous laisse échapper un bon copain, pour la seule fatalité qu'on n'a pas réussi à reconnaitre sa beauté intérieure. Cette erreur fatale c'est la plus grosse bévue de la vie, il nous conditionnera l'existence et nous entrerons dans une chaîne sans fin, chaque partenaire qui suivra ne sera que le prix élevé de nos erreurs. Les illusions et les délusions nous accompagneront jusqu'à ce que nous ne rencontreront que la solitude : il n'y a pas d'issue, il n'y a pas de retour, il n'y a pas de solution.

La trahison, l'ignorance, l'égoïsme, la fausseté et la dépendance d'un vice : voilà ceux qui seront les nouveaux compagnons de vie ; des sentiments et des sensations nues, exactement comme les erreurs qu'on peut faire en se donnant au vice destructif. Seront-là les artisans de leur propre malheur. C'est une vérité à laquelle on ne pourra pas échapper s'ils ont caché leurs faiblesses, s'ils ont fendu, s'ils ont menti, s'ils ont trompé leurs sentiments et ceux des autres.

Ce qui est fait est fait, ils ne pourront plus récupérer ce qu'ils ont perdu, ce sera à eux de souffrir. C'était leur destin, c'était tout écrit. Ils essayeront d'éviter la même erreur mais ils y tomberont de nouveau, comme si la condamnation est toute écrite, et c'est vrai, parce que leur histoire est écrite partout : dans les films, dans les livres, dans les documents et dans les cœurs de beaucoup de personnes.

Arrêtons-nous ! Tant qu'on a le temps, ne donnons pas notre cœur à la maladie de l'alcool, ne laissons-nous tromper par l'amour à base d'alcool, parce que cet amour est faux, il nous trompera dans la plupart des cas, le mal que nous nous faisons sera notre pire ennemi.

Pensez à un alcoolique, les alcooliques privent les autres de ce à quoi ils croyaient, ils trompent, ils violentent, ils nous font sentir fautifs, ils ne sauront pas nous aimer, ils ne le sont pas capables, ils n'éprouvent pas d'émotions ; cet amour est destiné à être ruineux, on finit par être leurs complices si on tombe dans leur guet-apens. Tout finira et voilà qu'en perdant tout, on nous ne restera plus rien. S'ils perdent, la famille a perdu son plus beau nid, le même que pour eux a été le château le plus propre, mais ils ne pourront plus y entrer parce que personne ne lui donnera plus ces clefs du bonheur.

Conclusion

Et voilà ! On n'est pas arrivé à la fin du livre, mais on est arrivé à la fin d'une triste histoire d'amour. Le futur sera toujours un monde inconnu, il sera dénué de référence pour la famille. Il est grave s'ils sont alcooliques.

Ils perdront le contrôle, ils se tromperont eux-mêmes, ils se rendront stupides et incapables de demander de l'aide, et très probablement ils nous volerons le cœur.

Je n'ai pas de recette pour maintenir une relation vivante, je peux penser qu'un bon outil peut être le dialogue. On est obligé par la force des choses à parler de soi-même avec la personne aimée, on doit par force des choses montrer ce qu'on éprouve, dans le bien et dans le mal.

Activer seulement l'attention sur nous, se mettre en colère n'est pas suffisant, ce sont les belles choses qu'il faut montrer ; les subterfuges, les manipulations, les chantages ne mènent de nulle part, sinon à la destruction de la relation.

Si vous pensez que cela n'a pas été mis noir sur blanc vous vous trompez parce que cela aussi est écrit, il est également écrit que le faux amour est souvent un parasite qui se protège, que nous suive pour s'alimenter gratuitement. Eh bien, ce parasite est venimeux, il endommage nous-mêmes et les mêmes distributeurs. Combien de pensées et combien des journées on a passé à comprendre l'amour, combien de temps on a pris pour comprendre l'amour, bref le vrai amour, et maintenant qu'on connait sa valeur ça on ne l'a pas, parce qu'on le revoit seulement dans les films, dans les romans et dans notre cœur, c'est simplement tout écrit.

Quand on est anxieux, c'est pourquoi on attend que se passe quelque chose, n'importe quelle chose ; un geste, un signal, n'importe quelle action que nous donne le bonheur qu'on est en train de chercher. Si rien ne se passe, rien n'améliore, tout s'arrête, l'anxiété reste, les pensées détestées nous attaquent, l'amour n'erre que dans l'air et on rêve à yeux ouverts. Qui sait ce qui se passe alors, peut-être on est tristes, peut-être on est seuls, en fait ce n'est que le temps qui avec son aridité ne passe pas et il ne fait jamais arriver l'amour avec un peu de sérénité et ponctualité. Il est vrai que « c'est tout écrit » mais où se trouve l'amour ? Pourquoi il n'existe pas une carte pour trouver ce trésor ?

On nous fait d'illusions tous les jours, tous les matins on regarde dans la boîte des lettres, les e-mails, les portables, partout, même dans notre cœur. Déjà dès le matin au réveil, les pensées ne font que nous dérailler sur la personne aimée ou sur l'amour qu'on n'a pas. On ne nous console pas, on souffre, on pleure, on attend, on pense, et on demande sans arrêt « Où se trouve ? » Rien ! Le silence absolu, le même qu'on utilise pour communiquer, peut-être l'orgueil, peut-être des rancœurs, peut-être des blessures dans notre-moi, peut-être ce n'est pas d'incompréhension.

Quelle que soit la raison, ce qui compte c'est le résultat. On se sent seuls quand personne n'est près de nous, on se sent seuls quand il n'y a personne autour de nous.

Donc, si on réfléchit sur ce qui a été écrit sur ce livre, on est obligé à abandonner l'attention critique sur l'Europe du Nord, définie par excellence comme aire modèle et moi comme petit homme ; je veux par ce livre casser pour toujours cette fausse image.

C'est vrai, ici règne la civilisation, ceci est un pays moderne mais pour obligation historique, ses habitants n'ont pas une histoire conservatrice et ancienne comme celle de la Méditerranée, ils ne sont maitres de personne.

Aujourd'hui on nous fait ensorceler par leur ordre et par leur apparence, mais ce qui se cache vraiment derrière ce scintillement doré, c'est une vérité très triste, très froide, car ils ne montrent pas leurs émotions ; ils boivent et donc ils sont faibles, ils se vantent parce que l'alcool soutient ces illusions. Bref, c'est une belle cachette pour camoufler ce qu'ils cachent.

Ce n'est pas à moi que je dois démontrer quelque chose, il suffit de se documenter comme moi j'ai fait, de toute manière c'est tout écrit, même eux l'ont fait. Ce qu'on peut dire au sujet du contact, c'est qu'aujourd'hui il y a une manière différente de nous interpeller, comme par exemple l'évolution moderne, la technologie, notre anxiété et notre envie effrontée de voir tout immédiatement. C'est pour cela qu'on a dû modifier les vielles manières. Cependant on n'a pas encore rejoint la capacité éthique pour réussir à casser la vitre de l'orgueil, on prête attention à cet intrus compromis : le mariage. On ne peut même pas le sous-estimer parce qu'il est fort et faible dans le même temps. Puis, si on a des fils de cette union, pas seulement l'amusement devient moins conforme à notre désir d'être libres, il le devient si l'union n'a pas comme colle l'amour.

S'il s'agit seulement de compromis, d'habitudes ou de peur de changer, je suis donc souffrant pour tous. Il faudrait que la race humaine revienne aux anciennes règles de comportement, nous sommes à l'époque où les gens ne donnent plus d'importance à l'amour unique : l'amour est un seul, et seul restera quel qu'il soit, où qu'il soit, on ne peut pas vivre sans lui, c'est l'unique chose dans laquelle on croit, pauvre, riche, beau et laid qu'il soit, il est toujours unique. On aime une seule fois. C'est là la vérité amère qui tout dit, c'est là l'indication à laquelle on est disposé, c'est là que notre cœur peut contenir, le seconde, le troisième et qui sait combien d'autres sont seulement à la recherche inconsciente de réessayer la même émotion que l'original, s'il était comme ca, il nous ferait renaître, peu importe comment il arrivera, et combien nous coûtera.

La relation construite par le vrai amour c'est le signal de ce qu'une personne s'attende. Il nous fait déclencher toutes les sonnettes d'alarme, alors on ne veut plus nous confier à personne sinon à nous-mêmes et à notre cœur qu'on veut tant écouter, et c'est juste là que c'est tout écrit, là on trouve tout ! Même ce qu'on ne trouve pas dans les livres, dans les revues, dans les horoscopes, dans les chocolats, dans les films, dans les chansons et partout.

L'attente c'est une seule chose, elle ne fait que nous faire penser à la personne aimée ; qu'est-ce qu'il fait ? Où se trouve ? Et nous pense-t-elle ? Eh bien, c'est là le seul doute, seulement le temps nous donnera les réponses qu'on cherche. On reste tous seuls avec notre dignité, celle à interroger, même ce sentiment là nous appartient, nous accompagne pendant toute la vie, jusqu'à la fin.

A la fin on doit payer les erreurs commis dans la vie, quels qu'ils soient. Même ça c'est tout écrit, on le trouve dans les rancœurs, dans les pensées de notre moi et peu importe combien de temps ait passé, il y a quelqu'un qui ne sait pas oublier, quelqu'un qui n'y pense pas, on parle, on juge, nous nous irritons sans nous rendre compte des dommages qu'on fait à nous-mêmes et aux autres.

Notre histoire d'amour, celle qu'il n'y a pas, celle qu'on ne trouve pas, n'est qu'une recherche dans notre cœur. Peu importe ni quand il se passe, ni comment il se passe, mais si aussi une seule trahison nous a touché avec ce geste fatidique, malheureusement, à ce moment-là, c'est tout qui meurt, il n'y a pas d'issue, c'est la fin de tout, peu de survivants trouveront vraiment la paix dans ce planète aride où ils ont vécu et souffert les tempêtes d'une trahison.

On n'a pas beaucoup à dire sur l'infidélité, pour cela on n'a pas d'adjective, la confiance meurt, bref le respect et tous les rêves meurent. Il ne reste que la dignité à défendre, à sauvegarder, c'est avec elle qu'on doit vivre pendant toute la vie. Avec elle on cherche quelqu'un, on voyage, on se renouvèle, on se documente, on fait de façon que tout se passe et souvent rien ne se passe. C'est comme ça ! Il faudrait avoir plus arguments pour expliquer ce que c'est le point d'interrogation, le même qui nous amène derrière comme un bagage inconfortable, ou mieux encombrant. On voudrait nous en débarrasser mais on ne sait pas comment le faire, ce n'est que le temps, malheureusement maudit, qui nous aidera.

Voilà, ça n'est pas écrit et même s'il l'était, je ne l'ai pas trouvé. On ne peut pas écrire le futur mais seulement le présent et le passé ; on peut seulement, et de façon illusoire, rêver ce qui se passera et avec cela on doit souffrir en cas de délusions. Si on pouvait organiser notre futur, la vie n'aurait plus de sens, seulement l'avenir nous ferait rêver. Il nous fait espérer et souffrir. Même si le pire arrive, on doit être réalistes, on doit à tout prix l'accepter, même s'il est très mauvais, c'est la vérité. La vérité fait mal, c'est vrai, mais elle nous libère.

Si on ne connait pas cette vérité on ne grandit pas, c'est le savoir, le succès de notre croissance. L'ignorant se trompe sans se rendre compte de l'erreur qui est en train de commettre, quel qu'il soit. C'est le seul message que très humblement je veux vous laisser et pardonnez-moi si je me permis de jouer une carte en ma faveur, d'ailleurs je le mérite.

J'ai travaillé et souffert beaucoup pour écrire ce livre, moi, je déteste la vérité spécialement si je ne l'aime pas, mais il est vrai aussi que sans la vérité on ne peut pas avancer, on trébuche dans le noir, on ne sait plus où on doit aller, c'est tout écrit, le véritable artiste de la vie on ne le voit jamais parce que l'amour est invisible. C'est un rêve qui vit en nous quand on écoute le prochain, celui avec lequel on nous confie comme de bonnes hypocrites ; on ne croit qu'à ceux qui nous disent des belles choses, et qui soutiennent et partagent notre rêve, donc on veut souvent savoir la vérité parce qu'elle nous confirme si on a trouvé l'amour ou non. Et ce n'est que ce qu'on veut. Si on ne l'a pas, on va le chercher, ou mieux, on se hâte parce que le trésor à trouver c'est un lieu magnifique, il nous fait sentir bien, il rempli notre temps, la tête e notre cœur, bref tout. Voilà !

Ici je me démissionne de l'amour et de ce livre, ici je finis et je suis pleinement satisfait même si je n'ai pas été capable à écrire tout, mais je vous assure que je l'ai fait avec le cœur. Je suis vraiment désolé si quelquefois j'ai été un peu présomptueux, je ne veux pas absolument généraliser, j'aurais aimé être neutre, d'écrire un livre sans parler d'amour mais je n'y ai pas réussi.

Moi aussi je voudrais écrire un roman amusant ou un recueil de blagues et prendre ensemble une ripaille de rires, mais malheureusement je ne suis pas capable. Je suis sure d'avoir écrit avec une bonne envie tout ce que vous avez lu, ce sont les femmes qui me l'on enseigné, c'est juste elles, soit celles vraies, soit celles fausses. C'est à elles que je dois tout, elles m'ont inspiré et je les remercie, même si je voudrais savoir si elles ont bluffé en disant tout ce qu'elles avaient à proférer.

La pensée que vous puissiez avoir en ce qui concerne le fait que je me sens votre conseiller culturel, bon, alors je vous dis que vous vous confondez parce que ainsi ça serait une mauvaise façon de penser. Si on va lire l'histoire, elle nous enseigne que tous les sudistes étaient déjà présents par rapport à l'Europe du Nord, très avant eux, on est obligé de nous considérer des enseignants de la démocratie, de la morale et de la civilisation.

Même les lois, les meilleures dans le monde ce sont les nôtres, et ici, au froid, ils ne peuvent pas nous regarder du haut au bas parce que ce comportement ce n'est que reconductible à une expression fastidieuse et ignorante.

De cette façon on nous fait comprendre qu'ils ne connaissent pas notre histoire, ou ils font semblant de ne la pas accepter et maintenant qu'ils ont appris ce qu'on a lui enseigné, soit aux riches, soit aux beaux, ils oublient, et avec combien d'hypocrisie, que c'est à nous qu'ils doivent leur histoire, l'élève devient toujours plus fort que son maître, mais cela ne lui donne pas le droit de nous manquer de respect.

La politique, l'art, la langue latine sont nées au sud, c'est ici qui est commencé l'histoire de l'Europe. Beaucoup de femmes ici commettent l'erreur de chercher un homme avec qui développer une relation sans avoir d'abord développé une relation avec elles-mêmes ; elles vont d'un lit à l'autre, à la recherche de ce qui manque dans elles-mêmes.

La recherche culturelle doit commencer à l'intérieur de nous-mêmes, ce n'est que là qu'on trouvera le bonheur mérité, personne ne pourra jamais nous aimer et nous rendre heureux si on n'aime pas d'abord nous-mêmes. Quand dans notre vide intérieur on cherche l'amour, on ne peut que trouver un autre vide. Chaque rue ce n'est qu'une parmi les infinies rues possibles.

Donc on doit toujours tenir présent qu'un départ n'est qu'un début. Si on sent qu'on ne doit pas la suivre, personne ne nous oblige à le faire, en aucun cas. Chaque vie est seulement une vie. On ne peut pas avoir peur de notre solitude seulement parce qu'on veut l'abandonner.

Une autre grande illusion est celle des événements extérieurs ; on a le pouvoir de nous faire du mal, on craint que les personnes ne puissent que nous faire du mal. Ce ne peut pas toujours être comme ça. C'est nous qui leur donne le pouvoir de le faire. La race humaine peut se libérer de l'arrogance seulement en recourant à la non-violence. L'haine peut être vaincue seulement avec l'amour. Gandhi aussi, qui a été un grand maitre de la paix, il l'a dit. Si on répond à l'haine avec l'aversion, on ne fait qu'augmenter la grandeur et la profondeur de la rancœur même.

Même les rêves peuvent nous blesser, mêmes les rêves peuvent se briser comme des vagues sur les rocher, comme des feuilles mortes qui tombent à un souffle du vent. Même les rêves peuvent nous trahir : voici les choses qu'on doit apprendre dans la vie.

Peu importe combien une personne peut être brave, quelquefois elle nous blessera. Et pour cela, il faudrait essayer de la pardonner. Le pardon physique c'est une chose très superficielle, mais il nous aide au moins à accepter les inconvénients de la vie.

Comment peut-on pardonner une trahison quand on sait que la pénétration physique ce n'est que du sexe, qui est une chose superficielle. La pénétration psychologique c'est amour et c'est beaucoup plus profonde, beaucoup plus importante, beaucoup plus belle, beaucoup plus humaine. La première appartient aux animaux, la deuxième aux humains. Et il y a aussi un troisième type de pénétration : quand deux consciences se rencontrent, elles se fondent et elles se dissolvent l'une dans l'autre.

Et en contemplant la divinité de l'autre personne, de la personne aimée, on deviendra conscients de notre divinité. L'amour est un reflex ; une vraie relation, c'est une lumière entre deux amants qui voient l'un le visage de l'autre, et ils reconnaissent ainsi le sublime. Il y a des personnes dans cette Terre crées pour ne se rencontrer jamais. Personnes qui se chercheraient à l'infini, pour toute la vie, sans peut-être se rencontrer dans leurs rues, parce que l'une se promènera toujours un pas devant l'autre. Personnes qui se rencontreront seulement dans leurs rêves, ici ils pourront se toucher à peine avec les caresses impalpables d'une illusion d'amour qui s'évanouira aux premières lueurs de l'aube.

Quand on n'aura plus rien à perdre, ici on obtiendra tout. Quand on aura cessé de feindre qui nous étions, alors on retrouvera nous-mêmes. Quand on aura connu l'humiliation, mais on a continué à marcher, on aura comprit qu'ils nous étions libres de choisir notre destin.

La vraie connaissance ne vient pas de livres, mêmes de ceux qui sont très chers, mais de notre expérience. La meilleure façon pour comprendre la réalité c'est à travers les sentiments, l'intuition, pas à travers l'intelligence ; notre intelligence est limitée. Ce sont nos pensées, nos problèmes (pas les autres personnes, pas le monde extérieur), sont nos pensées qui avec leur flux envoyé à notre esprit nous renvoient au passé et nous font voir le futur qui encore il n'y a pas.

On commit la grave erreur de nous identifier avec notre esprit, en pensant qu'il soit notre identité, mais en réalité nous sommes des êtres meilleurs. Ça disait Dalai Lama.

Puisque on ne pensera jamais de la même façon et on ne verra la réalité qu'à petits intervalles et de différents points de vue, la règle d'or de notre conduite c'est la tolérance réciproque. La conscience n'est pas la même pour tous.

Alors qu'elle représente une bonne guide pour la conduite individuelle, l'imposition de cette façon d'être serait une interférence insupportable dans la liberté de conscience de chacun. On peut leur enseigner à voler, mais ils ne voleront pas notre vol ; on peut leur enseigner à rêver, mais ils ne rêveront pas notre rêve ; on peut leur enseigner à vivre mais ils ne vivront pas notre vie. Cependant, dans chaque vol, dans chaque rêve et dans chaque vie restera pour toujours l'empreinte de l'enseignement reçu. On croit toujours à ce que notre cœur nous dit, on ne doit pas avoir de doutes, on doit croire en lui et, même si l'esprit ne sera pas d'accord, cela n'a pas d'importance, on doit l'écouter pour notre bonne humeur.

Quelquefois il nous conduira de la partie opposée de ce que le reste du monde voudrait, mais à la fin c'est seulement lui aura raison. Rappelez-vous toujours : ce sera lui aussi notre compagnon même quand on restera tous seuls et si on tombera vaincus, avec l'esprit à morceaux, il nous donnera toujours la force pour se relever et continuer à marcher.

Si une telle situation se passe vraiment c'est nous qui l'a crée pour voir nos esprits et pour les affronter définitivement. Même si on ne réussit qu'à les entrevoir, ils nous feront peur et nous ferons semblant qu'ils n'existent pas ; alors on est en train de mentir à nous-mêmes, en disant ainsi qu'on n'est pas capables de les affronter.

C'est cette peur terrible de nous détacher de quelque chose qui nous empêche de nous en débarrasser. Notre peur c'est de perdre une partie de nous-mêmes, une portion de notre identité, car on l'a construite sur un château imaginaire. Si on n'est pas capables d'agir on ne verra jamais les résultats. On devra agir, ce sera un petit ou un grand pas, mais n'importe quoi il soit, notre rôle dans ce procédé de création c'est de faire ce passage.

L'esprit critique c'est surement une qualité, mais il serait préférable que certaines personnes apprennent à mesurer l'extension des dommages provoqués de leur habitude de mettre toujours l'accent du coté négatif des êtres et des choses. Combien d'amitiés et de relations se rompent à cause de cette tendance! De plus en plus, les personnes s'observent entre eux uniquement pour découvrir les défauts d'autrui, comme j'ai fait moi aussi dans ce livre.

Je vous assure, très chers lecteurs que nous italiens, si bien vains qu'on puisse être, on devrait regarder bien dedans, parce que notre façon d'être, le système, l'injustice et souvent la barbarie ne peuvent que nous faire honte devant les peuples les plus honnêtes et laborieux même s'ils nous ont copiés et ils sont devenus beaucoup meilleurs que nous pour la seule raison de nous prendre soin de la justice morale.

Quand on voit toujours les mêmes personnes à la fin, ces personnes commencent à faire partie de notre vie. Et quand elles deviennent partie de notre vie, elles commencent aussi à la modifier. Si on ne nous comporte pas comme ils s'attendent, ils s'irritent. Il semble que tout le monde sache comme on doit vivre notre vie. Et ils ne savent jamais comment vivre la leur.

Maurizio Ortuso

INNEDE EDITION ® est une marque inscrite

INNEDE® EDITION

www.innede.net

**Il est Tout Écrit
de Maurizio Cosimo Ortuso**

Fini d'imprimer dans le mois de juin 2011

- Agence Letteraria Innede Edition –

-

redazione@innede.net

INNEDE EDITION® est une marque inscrite

www.innede.net

9 798735 476061